AF509536

Canal Royal des Pyrénées

Les opérations des sondes ainsi que celles des nivellements du Canal Royal des Pyrénées qui ont été faites sur toute la ligne qui s'étend de Toulouse à Bayonne, ont prouvé que le terrain n'opposait aucun obstacle à sa construction que l'art ne puisse aisément surmonter.

L'exécution de cette vaste entreprise intéresse l'Europe et la France entière par les changements qu'elle amènera dans les communications qui existent aujourd'hui entre l'Océan et la Méditerranée ; car on ne peut pas se dissimuler que l'immortel auteur du Canal du Languedoc, qui avait si bien senti l'importance de la jonction des deux Mers, n'a pas assez vécu pour achever son ouvrage, puisque la navigation artificielle qu'il a établie, finit à Toulouse, et que vingt bateaux de la Garonne suffisent à peine, dans certains temps de l'année, pour transporter à Bordeaux, le chargement d'une seule des barques de son Canal.

Les inconvéniens de la navigation fluviale sont si connus, que je ne m'étendrai pas sur cet objet. Je ferai seulement observer, que les difficultés que présente le lit de la Garonne paraissent insurmontables pour des bâtiments à quille, et que, fussent-elles vaincues à force d'art, de patience et de sacrifices, ce succès, en ouvrant une communication réelle entre ces deux mers, n'ajouterait rien à la prospérité du département de la Gironde dont les riches campagnes, exclusivement consacrées à la culture de la vigne, ne sont susceptibles d'aucun genre d'amélioration, tandis que les cinq départements dont le nouveau Canal doit traverser le territoire, verront se changer, ou du moins, se perfectionner le système de culture que le temps, la routine et le manque de moyens d'exportation avaient perpétué dans ces contrées.

Bientôt une communication prompte & facile sera établie entre l'Océan & la Méditerranée pour des bâtimens de 100 à 150 tonneaux ; & le commerce de toutes les nations qui trafiquent dans ces deux mers, évitera, par ce moyen, le passage long, pénible & dangereux du détroit de Gibraltar. Toutes les étrangers, amis ou alliés de la France, ayant la faculté de se servir de cette voie, les revenus du Canal en seront considérablement augmentés; car il n'est pas douteux que les Anglais, les Hollandais, les habitans des villes anséatiques, les Danois, les Suédois, les Russes et les restes languissants de la marine marchande de l'Italie, de la Sicile, des côtes de l'Adriatique, des isles de l'archipel, des ports de la Grèce, ainsi que les vaisseaux qui vont exploiter le commerce de l'Égypte, de la Turquie & de l'Afrique, ne profitent, dans beaucoup de circonstances, d'un passage aussi sûr que commode, & qui abrégera singulièrement les distances qui séparent les deux mers.

L'invention des bateaux à vapeur favorisera cette navigation nouvelle, dont la ville de Bayonne retirera les plus grands avantages; car les courants de la mer et la barre de l'Adour qui s'opposent ou rendent si difficiles les approches ou l'entrée de son port, ne sauraient empêcher l'arrivée des bâtiments qui ne tirent pas 6 pieds d'eau, & qui marchent contre les vents et les marées. Il est temps d'imiter enfin l'exemple des Anglais & des Américains qui les ont adoptés pour leurs communications littorales, et il serait aussi difficile, aujourd'hui, de contester leur utilité, que de nier leur existence.

Je pense que, pour éclairer l'opinion sur cette matière, il me suffira de transcrire ici quelques passages d'une lettre qui m'a été adressée par M.ʳ Coureau, de Bordeaux, qui est, assurément, un des meilleurs constructeurs que nous ayons en France: les voici:

« J'ai construit à Bordeaux, comme j'ai eu l'honneur de
« vous le dire, dix bateaux à vapeur. L'un, (Le Comte Donzelot,)
« a traversé l'Océan, et fait à la Martinique, le service ré-
« gulier du port Royal à S.ᵗ Pierre. (Ce bateau ne cale que cinq
« pieds.)

« Un second, (Le Triton,) partit pour le Hâvre, dans un
« jour de tempête, et brava la plus grosse mer, sans faire la
« moindre avarie. Il fait, depuis quatre ans, un service très
« actif: il met dehors les bâtiments que les vents contraires
« empêchent de sortir, et va chercher, à 6 lieues au large,

« ceux qui n'osent entrer par la même raison.

« D'après les dimensions que vous m'avez communiquées
« des écluses du canal du Languedoc, je peux, quand vous le
« voudrez, faire un bateau de 80 à 85 pieds, dans sa plus grande
« longueur, sur 17 pieds de largeur, et qui ne tirera que 5 pieds 1/2,
« ou 6 pieds d'eau au plus, ayant à son bord cent tonneaux
« de marchandises, plus sa machine, de la force de vingt
« chevaux, et qui pesera de 20 à 25 tonneaux. Les roues d'eau
« pourront s'enlever à volonté, et les tambours latéraux seront
« fixés à écrous, de manière à pouvoir se démolir et se recons-
« truire sans inconvénient : ainsi on profitera de toute la largeur
« des portes des écluses pour fixer celle du bateau.

« On pourrait, à l'avenir, en se concertant avec les fabricants
« de machines à vapeur, adopter le système des bateaux à
« canal, qui, n'ayant qu'une roue à eau dans le milieu, faci-
« literaient l'extension de la largeur des bateaux : il ne man-
« querait pas de moyens d'assurer leur solidité pour la haute
« mer.

« Il faudrait environ cent jours de travail pour la construction
« d'un pareil bateau.

Cette lettre qui ne rapporte que des faits, dissipe tous les doutes :
elle prouve, que des bateaux à vapeur navigant sur la mer,
peuvent entrer dans le Canal et le parcourir dans toute sa longueur,
par le moyen du halage.

L'importance du commerce de tous les peuples qui habitent
les côtes de la Méditerranée ou de l'Océan, ne m'est pas encore
connue, mais elle doit être immense ; et le péage de tant de bâtimens, et le transport de tant de marchandises, produira des
sommes d'autant plus considérables, que la grande diminution
qui existera sur le prix des assurances, engagera les armateurs
à préférer le Canal Royal des Pyrénées au détroit de
Gibraltar.

Une autre branche de revenus non moins claire et
importante, consiste dans le produit des irrigations que l'abondance des eaux, qui sont à la disposition de l'entrepreneur
du Canal, lui permet d'employer pour fertiliser les terres

arides qu'il doit traverser, et dont les productions augmenteront encore les exportations par les récoltes qu'elles donneront. Les prairies seules fourniront plus de trois millions de quintaux de foin, qui, à raison de trente ou trente cinq centimes par quintal, ajouteront annuellement un million de francs aux droits de péage.

Les ardoisières des Pyrénées sont inépuisables: on en tirera, tous les ans, plus de deux cent mille chars d'ardoise d'une qualité supérieure. Chaque char contient 600 pieds de cette toiture aussi utile qu'elle est élégante et légère, et dont l'exportation, presque nulle aujourd'hui, s'étendra à tous les départements Méridionaux de la France, depuis Bayonne jusqu'aux bouches du Rhône, à l'Italie, aux côtes de l'Océan, et même à Paris.

La chaux, le plâtre, la marne, les marbres si connus & si variés des Pyrénées, et dont plusieurs carrières sont d'une exploitation très facile, comme celles de la vallée d'Aure, par exemple, qui se trouvent presque sur les bords du Canal: les quatre cent gîtes de minerai, dont le savant Diétrich a donné la description, et qui sont encore vierges, ou n'ont été que légèrement sondés (1); tous ces objets, toutes ces mines seront exploitées; et les mouvemens que produiront ces travaux, ainsi que l'exportation des minéraux, accroîtront encore la masse des revenus d'un canal si utile et devenu nécessaire au développement de l'industrie dans ces contrées presque sauvages, où les arts et la civilisation ne peuvent manquer de faire des progrès.

Plusieurs mines de houille sont encore indiquées dans ces cantons. Je ne citerai que celle qu'on trouve sur la route du Canal, entre le village de Tinas & celui de Lannemezan, et dont on voit, immédiatement sous le gazon, une couche de deux pieds. Diétrich en parle dans son ouvrage.

Des usines seront établies à toutes les chutes des écluses, et leur nombre sera très considérable.

Les productions agricoles des cinq départements, qui sont, celui de la haute-Garonne, celui du Gers, des Landes, des Hautes & des basses Pyrénées, fourniront une grande quantité de

---

(1) Une partie de ces mines est indiquée sur la carte du Canal.

vins & d'eaux-de-vie à l'exportation étrangère, car on y cultive plus de trois cent cinquante mille arpents de vignes, & chaque arpent doit produire, au moins, trois barriques, l'un portant l'autre. Ces deux articles, réunis aux échanges réciproques de ces départements entr'eux pour les consommations locales de leurs denrées, grossiront encore les recettes du péage.

Les états de ces productions seront dressés avec la plus scrupuleuse exactitude.

Il faut ajouter à tous ces objets qui nourriront la navigation du Canal, l'exportation des bois de construction, des merrains et des résines que fournissent les landes et les montagnes.

Enfin, si comme on l'assure, le Canal du Languedoc voiture tous les ans un commerce de cinquante millions, qui produit, chaque année, un bénéfice de cinq millions aux marchands; si les propriétaires des terres, dont les productions sont exportées par le Canal, ont acquis une augmentation de vingt millions de revenu net, et si l'état a perçu sur ces vingt millions, par le moyen des impôts, au moins, cinq millions tous les ans, ce qui fait cinq cent millions en un siècle; que ne doit-on pas attendre du Canal Royal des Pyrénées, qui continuera celui du Languedoc jusques à l'Océan, en prolongeant la chaîne de ces monts élevés, dont les richesses minérales n'ont jamais été bien exploitées, et qui traverse cinq départements fertiles, où l'agriculture languit depuis des siècles, et promet les plus flatteuses espérances.

———

Paris, le 7 Août 1826.

Monseigneur,

J'ai déjà eu l'honneur de représenter à V. E. que le Canal Royal des Pyrénées, continuant celui du Languedoc, établirait dans l'intérieur de la France, une ligne de navigation artificielle non interrompue qui, en coupant l'Isthme qui sépare l'Océan de la Méditerranée, réunirait ces deux mers.

Cette ligne borde, aboutit, ou traverse onze départements qui dans les tableaux statistiques que j'ai l'honneur d'envoyer à V.E., sont classés dans l'ordre suivant:

Ligne de l'Océan.

Départements de l'Arrière, du Gers, des Landes, des hautes et des Basses Pyrénées.

Ligne du Centre.

Département de la haute-Garonne.

Ligne de la Méditerranée.

Départemens de l'Aude, de l'Hérault, des Pyrénées Orientales, du Gard & des Bouches-du-Rhône.

Ces derniers départemens qui se trouvent sur le versant de la Méditerranée, jouissent depuis plus de cent ans, par le moyen du canal du Languedoc, des grands avantages que cette navigation pouvait leur procurer; aussi leurs revenus comparés à ceux des autres départemens placés sur la ligne de l'Océan, offrent-ils une différence si remarquable que je ne puis m'empêcher d'en mettre le tableau sous les yeux de V.E.

Tableau comparatif.

Des cinq départemens placés sur la ligne de l'Océan, tableau A, & des cinq départemens placés sur la ligne de la Méditerranée, tableau C.

	Population.	Superficie.	Revenus.	Contributions.
	habitans.	arpens. métriq.°	francs.	francs
Ligne de l'Océan............	1,404,056.	3,320,429,,	57,954,000.	6,200,671.
Ligne de la Méditerranée	1,368,152.	2,782,530.	90,568,000.	11,220,563.
Différence........{ En plus......	35,904.	537,899.	,, ,, ,,	,, ,,
Différence........{ En moins...	,, ,, ,,	,, ,, ,,	32,614,000.	5,019,892.

On voit, d'après cet apperçu, qu'avec une population moindre de 35,904 habitans, et malgré que la superficie des cinq premiers départemens soit plus considérable de 537,899 arpents métriq., que celle des départemens de l'Aude, de l'Hérault, des Pyrénées Orientales du Gard & des Bouches-du-Rhône les revenus de ceux-ci surpassent de 32,611,000 francs ceux des départements de l'Arriège, du Gers, des Landes, des hautes et des Basses-Pyrénées dont les contributions, réduites à 6,200,671 francs, ne forment pas même les 3/5.èmes de celles que le gouvernement perçoit dans les autres cinq départemens.

Je crois avoir clairement démontré, par cet exemple, que l'aisance des peuples et les ressources du gouvernement seront doublées dans les départemens qui se trouvent sur le versant occidental, aussitôt que le Canal Royal des Pyrénées sera ouvert à la navigation.

Si j'ai séparé la haute-Garonne des autres départemens, c'est parceque, par sa position centrale, il appartient aux deux lignes qu'il réunit, en les continuant pour n'en former qu'une seule. La première, déja ouverte par le Canal du Languedoc, en assurant ses communications avec la Méditerranée, a favorisé l'industrie agricole de ce département sur une grande partie de son territoire, et offre à ses productions un débouché commode et illimité. Mais l'autre partie, qui remonte la Garonne, & s'étend depuis Toulouse jusques à la Neste, ne jouit pas encore des mêmes avantages, et a besoin que le nouveau canal des Pyrénées lui facilite les moyens d'exploiter et d'exporter les produits des mines, des carrières de marbre & des forêts qui se trouvent dans l'arrondissement de St. Gaudens, & que les irrigations abondantes & bien ménagées que fournira le Canal, changent en prairies fertiles les champs arides que traverse la Garonne depuis les environs de Montréjeau jusqu'à ceux de Toulouse. Dans tous ces pays, les récoltes sont exposées à de violents orages et aux ravages de la grêle, qui sont, pour ces contrées, des fléaux périodiques et destructeurs, surtout aux approches de la moisson.

L'immense quantité de vins qu'on recueille dans les départemens du Gard et de l'hérault, entretient avec le Nord de l'Europe, un commerce d'exportation qui s'élève à plus de seize millions de francs.

(Voyez le tableau E.). En supposant que les importations de l'étranger soient de la même valeur, il en résultera un mouvement de trente deux millions, qui se fera sentir sur toute la ligne des deux canaux, depuis la Méditerranée jusques à l'Océan; car, le port de Bayonne, dont les courants et la barre rendent l'approche si difficile, n'opposera pas d'obstacles aux bateaux à vapeur, dont l'usage s'étend et se perfectionne tous les jours. Cette heureuse invention, qui amènera de grands changements dans le système mercantile et politique du monde, en assurant désormais nos communications littorales, étendra l'activité de la navigation sur ce Canal, qui réunira les deux mers à travers un pays neuf, dont les champs fertiles et sous l'influence d'un heureux climat, sont peuplés d'hommes laborieux. Elle économisera les frais d'assurance, abrégera le tems, les distances et fera oublier le détroit de Gibraltar au commerce Européen. Ce fameux détroit ne servira plus qu'au passage des escadres et ne sera fréquenté que par les vaisseaux qui font les voyages de long cours, ou par les petits bâtiments qui servent au cabotage des côtes dont il est environné.

La moitié des productions de l'Italie, de la Sicile & des échelles du levant qui passaient sur les côtes de l'Océan, ainsi que les marchandises qui, de l'Océan, étaient répandues sur les côtes de la Méditerranée, profiteront aussi de l'ouverture du Canal Royal des Pyrénées, pour aller d'une mer à l'autre.

En temps de paix, ce canal jouira, incontestablement, de tous ces avantages. L'état de guerre les diminuerait peut-être; car ils sont éventuels; mais aussi, les approvisionnements nécessaires à une armée qui serait rassemblée sur les frontières d'Espagne alimenteraient sa navigation, et elle serait d'autant plus considérable que, sans avoir besoin de recourir à des secours étrangers, les départements de la haute-Garonne, de l'Aude & des Pyrénées-orientales suffiraient, seuls, pour fournir des subsistances en froment, en légumes et en avoines, aux plus nombreuses armées. Les fourrages se trouvent sur la route du Canal, dans le département des Hautes Pyrénées. Il est aisé de se convaincre de ce que j'avance en jetant les yeux sur les tableaux que j'ai dressés.

Le 4.e tableau, <u>hors de ligne</u>, qui se compose des départements de Tarn & Garonne, Lot et Garonne et de celui de la Gironde, prouve que leurs productions, étrangères, d'ailleurs, à la navigation du Canal Roy.l des Pyrénées, ne sauraient dans aucune circonstance concourir aux approvisionnements de Bayonne.

Dimensions, Devis et Revenu du Canal.

Les dimensions du Canal Royal des Pyrénées seront, à peu près, celles que M.e le M.al de Vauban avait assignées, en 1686, au canal qui devait continuer celui du Languedoc jusques à Moissac. Il aura donc 22 mètres de largeur et 3 mètres de profondeur. Sa longueur depuis Toulouse jusqu'au confluent du Gave et de l'Adour, sera de 341 mille mètres, & 274 écluses suffiront pour racheter les pentes qui se trouvent sur ces deux versants : elles auront, chacune, 3 mètres 1/2 de chûte, 7 mètres 80 centimètres d'ouverture entre les bajoyers, & 38 mètres de longueur d'une porte à l'autre, afin de pouvoir donner passage à des bâtiments à vapeur du port de 200 tonneaux.

La Neste, en fournissant à la consommation des écluses les eaux dont elles auront besoin, répond à toutes les objections qu'on pourrait faire sur leur nombre.

Le temps nécessaire pour le passage de chaque sas ne durera que cinq minutes, ce qui réduit à 23 heures celui qu'on emploiera pour les passer tous, d'un bout du canal jusqu'à l'autre. On se servira, pour cet effet des moyens mis en usage en Écosse, sur le canal qui réunit les rivières de Forth & de Clyde.

L'heureuse situation du point de partage, au pied du quel coule la Neste, permettant aux eaux de cette rivière d'y arriver sans éprouver aucune des pertes que causent les évaporations et les filtrations qui existent sur les rigoles nourricières qu'on a été obligé d'ouvrir au milieu des montagnes pour alimenter les autres canaux, produit encore une diminution sur les dépenses générales, car celles qui furent consacrées à cet objet pour le canal du Languedoc, ainsi qu'à la formation des réservoirs de St. Féréol de Lampy & de Naurouse, absorbèrent près de la troisième partie des sommes employées à sa construction. L'économie qui en résultera pour le canal des Pyrénées servira au paiement de ses nombreuses écluses & aux travaux qu'exigera la galerie souterraine de 3856 mètres de longueur, qui doit traverser le plateau de Pinas pour servir de passage au Canal ainsi qu'au versement des eaux de la Neste dans la vallée de l'Arros.

Les revenus du Canal Royal des Pyrénées sont assez considérables pour qu'on puisse subvenir aux frais de sa construction, sans avoir besoin des secours du gouvernement. C'est un engagement que j'ai déjà contracté & que je renouvelle encore aujourd'hui. Ces dépenses, d'ailleurs, ne s'élèveront guères au dessus de 32 millions de francs, et l'estimation du tracé qu'on trouve vaguement indiqué dans le rapport de M.r Becquey, présenté au Roi en 1820, par le ministre de l'intérieur, qui la fixe à 31,500,000. francs, se rapproche beaucoup de mon assertion.

Une armée, rassemblée sous les murs de Bayonne, recevra, par le moyen du Canal des Pyrénées tous les genres d'approvisionnemens qui lui seront destinés, & couvrira toujours, même dans sa retraite, les comunications qu'il établit avec Toulouse qui, par sa position et ses ressources locales, est le point central des opérations militaires et le grand arsenal du midi de la France.

Le canal du Languedoc est si connu, et les avantages qu'il a produits sont si remarquables, que je m'abstiendrai d'en retracer le tableau : mais je ne puis m'empêcher de répéter que sa jonction avec celui des Pyrénées, en ouvrant une communication, depuis si long tems attendue, entre l'Océan et la Méditerranée, par une ligne de navigation artificielle de 760,000 mètres de développement, depuis les Bouches du Rhône jusques à l'embouchure de l'Adour, sera le monument le plus grand, le plus magnifique, j'ose dire, le plus utile qui soit au monde.

Devis aproximatif des Dépenses.

Achat de 2000 hectares de terres pour le lit du Canal et ses dépendances, à raison de 400 francs par hectare, prix du pays .... 800 000 francs

Les mouvements de terre, sur une étendue de 318,400 mètres, à raison de 48 mètres cubes d'excavation pour chaque mètre de longueur, produiront 15,283,200 mètres cubes qui, à 50 centimes prix du pays, coûteront .... 7,641,600.

Pour environ 2,647,000 mètres cubes d'excavation des tranchées à 50 centimes par mètre font .... 1,323,500.

Excavation du Canal souterrain dont la longueur est de 3856 mètres, sur un profil de 86 mètres 75 centimètres, ce qui fait 311,372 m. cubes, à raison de 2 francs par mètre cube, fait .... 622,744.

A Reporter .... 10,387,844 f.

Report................ 10,387,844 f.

Pour les six barrages de l'Arverague,
ayant une longueur de 600 mètres en
tout .... 600,000.

Pour 276 écluses y compris celles d'entrée
& de sortie, à raison de 45,000 francs
chacune .... 12,420,000.

Pour 16 grands ponts tournants à
25,000 francs chaque .... 400,000.

Pour 60 ponts, sur de moindres dimensions, à raison de 12,000 francs chacun,
font 720,000

Pour les barrages sur la Weste à
l'entrée du souterrain et dans le cours de cette
rivière jusques à Montréjeau ; pour les digues
et les barrages servant au passage du Canal
dans la Garonne et dans l'Adour : cette
dépense, en masse, est évaluée à .... 1,500,000.

Pour le pont aqueduc sur la Midouze
dont la longueur, de l'extrémité d'une culée
à l'autre sera de 60 mètres .... 400,000.

Indemnités à accorder sur toute la
ligne du canal pour achat de maisons & de quelques moulins à supprimer
&c. ci .... 500,000.

Les travaux nécessaires pour fournir
aux irrigations ne devraient être portés

A Reporter........... 26,927,844.

Report .... 26,927,844.

que pour mémoire, vû que leur étendue et les frais qu'ils occasionnent dépendent des localités, des demandes et des arrangements qu'on fera avec les propriétaires. Cependant on peut les évaluer aproximativement à la somme de 600,000

La construction de soixante usines aux chutes des écluses, sur toute la longueur du Canal, à raison de 15,000 francs chacune, coûtera 900,000

Total des frais de Construction .... 28,427,844.

Il faut y ajouter les différentes espèces de dépenses qui ont été faites pour les études de ce projet ....

Plus, 10 p.% sur ce capital pour les dépenses imprévues, achat d'outils, de tombereaux, &.ª ....

Plus, Intérêts pendant les six ans que durera la construction ....

Total Général ....

3.ᵉ Tableau Général des Revenus.

Tableau général des Revenus.

Évaluation aproximative des *Recettes* et des *Revenus* du *Canal Royal* des *Pyrénées*, calculés d'après le *Tarif* des droits de navigation accordés au *Canal du Languedoc*.

La loi du 21 vendémiaire an V, a fixé le tarif des droits de navigation pour le *Canal du Languedoc*, à 2 centimes par 5 Kilomètres d'étendue, pour un poids de 5 myriagrammes : ce qui revient pour toute espèce de marchandises à 080 ou 4/5 èmes de centime par Kilomètre pour 10 myriagrammes. (1 quintal métrique)

D'autres tarifs ont réduit les droits de navigation pour les ardoises, les foins, les bois & le charbon à 1/3 plus bas que ceux qui sont marqués ci-dessus. C'est d'après ces bases que je vais dresser l'état des recettes que produira le péage établi sur le Canal.

Mouvements.

Les départements de l'Aude et de la haute-Garonne sont extrêmement riches en froment. Les autres céréales qu'ils produisent, servent à la nourriture des habitans des campagnes, & diminuent par conséquent la consommation des blés. On peut la réduire généralement à 2 hectolitres par tête, ce qui leur fournit les moyens d'en exporter plus de deux millions, tous les ans, hors de leurs limites.

Le département du Gers, quoiqu'il recueille en abondance des vins et du froment, produit peu de légumes et de ces farineux grossiers qui servent à la nourriture du pauvre. Il consomme près des 4/5 mes.

ou , au moins, les 3/4 de ses récoltes en blé, ce qui diminue l'exportation de cette denrée, et lui permet tout au plus, de fournir aux besoins du département des Landes, dont l'approvisionnement se borne à 195,000 quintaux métriques. Leur transport depuis Plaisance jusques à Dax, sur une étendue de 89 Kilomètres, et à raison de 080 de centime par Kilomètre, donne ———————————— 138,840 ^{frs}

Pour 650,000 hectolitres de vins et eaux-de-vie que ce département livre tous les ans à l'exportation, le Canal percevra encore, pour la distance de Plaisance à Bayonne, qui est de 118 Kilom.^{tres} la somme de ———————————— 643,600.

Le département de la haute-Garonne fournit 180,000 quintaux métriques de froment à celui des hautes-Pyrénées. Distance de Toulouse à Tournay, 157 Kilomètres ———————— 226,080.

Le département des Basses-Pyrénées a besoin d'un supplément de 375,000 quintaux métriques de froment qui lui sont fournis par celui de la Haute-Garonne. Distance de Toulouse à Bayonne, 341 Kilomètres, ce qui fait ———————————— 1,023,000.

L'excédent des vins que fournit le département de la Haute-Garonne, est de 100,000 hectolitres qui sont transportés de Toulouse à Bayonne ; distance de 341 Kilomètres ——— 272,800.

Le département des Hautes-Pyrénées a un excédent de un million 500,000 quintaux métriques de foin, dont un million seront exportés de Tournay à Toulouse ; distance de 157 Kilomètres ———————— 837,333.

A reporter   3,111,653.

Report . . . . . 3,111,653.

En temps de guerre, les 500,000 quint.^x métriques de foin restants, seront transportés de Tournay à Bayonne; distance, 173 Kilomètres 461,333

On peut calculer que l'excédant des vins et eaux-de-vie du département des Landes, sera de 50,000 hectolitres, les quels transportés de St Sever à Bayonne, sur une distance de 73 Kilomètres, donneront 29,200

Bois, résines, merrains, laines du département des Landes; de Dax à Toulouse, ci . . . . " "

L'importation annuelle des laines d'Espagne en France est de 44,000 quint.^x métriques. Je suppose que la moitié de cette quantité passera par le Canal, pour alimenter nos manufactures du midi. Distance de Bayonne à Toulouse, 341. Kilomètres, ci . . . . 60,016.

Les mouvements locaux qui auront lieu sur la route du Canal pour le transport du plâtre, de la chaux, de la marne et d'autres articles qu'on trouve en si grande abondance dans ces contrées, produiront, ci . . . . " "

Les mouvements occasionnés par ———

À reporter 3,662,202

Report.........   3, 662, 202.

L'exploitation et le transport du produit des mines, des carrières de marbre et des bois de construction des Pyrénées, produiront des sommes considérables pour leur exportation, depuis le point de partage jusques à Toulouse ou à Bayonne. On peut les estimer à ....   "

L'exploitation des carrières d'ardoise est très facile et ne coûte que le salaire des ouvriers qu'on y emploie. L'usage de cette toiture aussi solide que légère, remplacera avantageusement les tuiles, dont le poids écrase les maisons, dans une grande partie de la France et de l'Italie. Des milliers d'ouvriers peuvent être employés à la carrière de la Bastère, qui se trouve à une lieue de distance du beau chemin qui conduit de Tarbes à Bagnères. Elle est inépuisable; c'est une montagne; et l'ardoise qu'on en retire, est d'une qualité supérieure. Elle fournira aisément cent mille chars tous les ans, qui trouveront un débit assuré dans l'intérieur des terres, et sur les côtes des deux mers. Cet article seul produira au moins une somme de ....   500,000.

Les irrigations de 30,000 hectares que l'abondance des eaux du canal permet de consacrer à cet usage, devraient produire, d'après l'évaluation qui a été faite par les entrepreneurs du Canal de Provence, 20 francs par hectare. En réduisant ce droit à 15 f.s on y trouverait encore un revenue de ....   450,000.

à Reporter............   4 612 202

Report............ 4,612,202.

Je suppose que la moitié seulement, de ces 30,000 hectares arrosés, soit convertie en prairies; elles produiraient 930,000 quintaux métriques de foin, à raison de 62 quintaux par hectare. Comme ils seront répandus sur toute la ligne du Canal, si je réduis la distance de leur parcours à un quart de sa longueur, elle serait de 82 kilomètres, et l'on aurait encore ---------------- 406,720.

L'importation des denrées Coloniales pour la consommation de 920,000 indivi-dus dans les cinq départements, produira, à ---------------- " "

Celle du Sel qui est de 36,000 quint.^{x} métriques distribués sur la route depuis Bayonne jusqu'au point de partage, donnera ---------------- " "

Celle des huiles, savons, fruits secs et riz venant de Marseille ---------------- " "

Revenus que produiront les usines, et qu'on peut estimer au moins, à raison de 10 p. $^{\circ}/_{\circ}$, sur le capital ---------------- 90,000.

Fermage de la pêche ---------------- " "

Revenus des francs bords du Canal ---------------- " "

Total des Revenus................ 5,108,922.

Voilà quels sont les mouvements qui dans les temps ordinaires existeront sur la ligne du

à Reporter ---------------- 5,108,922

Report........................ 5,108,922

Canal Royal des Pyrénées.

En cas de guerre, ces revenus augmenteraient considérablement; car si l'on rassemblait sous les murs, ou aux environs de Bayonne, une armée de 100 mille hommes et de 30 mille chevaux, les approvisionnements nécessaires pour sa subsistance exigeraient le transport des objets suivants, savoir:

370,000 hectolitres de froment depuis Toulouse jusques à Bayonne, à raison de 2 francs 4 centimes 060 par hectolitre, ci .... 757,020.

25,000 hectolitres de légumes, idem, idem .... 51,170.

842,000 hectolitres d'avoine id id .... 699,732.

30,000 hectolitres de vin, de Plaisance à Bayonne, à raison de 94 centimes 040 par hectolitre .... 28,320. } 2,056,914.

3,000 hectolitres d'eau-de-vie, id id .... 2,832.

821,250 Quintaux métriques de foin de Tournay ou de Plaisance à Bayonne, à raison de 62 centimes 093 et 1/3 par quintal .... 516,840.

Transport des munitions et du matériel de l'armée.

Pour 22,223 quintaux métriques de cartouches, de Toulouse à Bayonne, à raison de 2 f^rs 72 centimes 080^c par quintal 60,624

Pour 30,000 quintaux métriques de munitions d'artillerie .... idem .... idem ...... 81,840 } 192,464

Transport des canons, affûts, caissons de rechange, équipages de ponts & autres objets qu'on évalue, en masse, à 50,000

Grand Total........................ 7,357,300

Nota. On tirera les froments des départements de l'Aude et de la Haute-Garonne. On trouvera les fourrages dans le département des Hautes-Pyrénées. L'Aude et le département des Pyrénées-orientales fourniront les avoines. (Voyez le tableau Statistique).

Frontières d'Espagne
et approvisionnements de Bayonne.

Les frontières du midi de la France, défendues par les Pyrénées ne sont vulnérables qu'aux deux extrémités de la chaîne que forment ces montagnes qui s'abaissent graduellement, à mesure qu'elles se rapprochent de l'Océan ou de la Méditerranée. Sur leur revers méridional, la Catalogne offre un pays très accidenté, et dont l'attaque serait presqu'impraticable si le Canal du Languedoc ne fournissait pas à nos armées les moyens de s'approvisionner dans le département de l'Aude de toutes les subsistances dont elles peuvent avoir besoin pour se maintenir dans ces contrées arides où l'on ne peut avancer que par des victoires et en forçant les positions qu'on trouve à chaque pas. Les Espagnols, appuyés sur leurs places fortes & maîtres du plateau de Vic, en défendront toujours les approches avec succès ; et, si leurs Généraux, instruits par l'expérience, savent profiter de cette position, la guerre, après avoir été pour nous stationnaire pendant long-tems, finirait par devenir, peut-être, défensive.

Vers l'Occident, la Biscaye et la Navarre sont d'un accès plus facile. La largeur des défilés et des vallées que renferment ces provinces offrent plusieurs moyens de pousser nos troupes victorieuses en avant, et de les maintenir sur l'Ebre. La perte d'une bataille pourrait bien les ramener sur nos frontières ; mais, aussi long-temps que la France pourra nourrir ses défenseurs, ralliés sur les bords de la Bidassoa, il sera impossible à l'ennemi de franchir cette barrière, dans un pays entre-coupé de hauteurs, de rivières, et resserré par la mer entre des Landes stériles et des montagnes escarpées.

La dégradation inévitable des routes qui conduisent à Bayonne, causée par le passage continuel des voitures dont elles sont couvertes en temps de guerre, augmente la difficulté du transport des subsistances, dont la foule innombrable d'hommes et de chevaux employés aux charrois consomment la plus grande partie. Le peu qui en reste parvient rarement sur les champs d'opération, où notre infanterie manque de tout et où la cavalerie ne saurait vivre, tandis que sur les derrières de l'armée, le département des Hautes-Pyrénées est encombré de fourrages et que ceux du Gers, de la haute-Garonne, de l'Aude ainsi que les magasins de Toulouse, regorgent de munitions et de denrées.

D'un autre côté, les vents contraires, les courants et les tempêtes dispersent souvent les convois dont la sollicitude du gouvernement couvre la mer à grands frais et qu'on voit, avec douleur, périr sur les Syrtes des Landes ou devenir la proie des croisières ennemies qui détruisent, sans danger, des bâtiments sans défense.

Tels sont les inconvéniens qui, jusqu'à ce jour, se sont invinciblement opposés aux moyens employés pour approvisionner nos armées dans ces quartiers, malgré les sommes énormes dépensées pour cet objet, et la prévoyance de l'administration la plus active et la plus éclairée.

L'ouverture du Canal Royal des Pyrénées fera disparaître tous ces obstacles, et le transport des subsistances et des munitions qui, par son moyen, seront amenés avec célérité, sans risque, & à peu de frais à Bayonne, présente une série d'avantages immenses. Un seul exemple suffira pour le prouver.

Je suppose donc que la France soit obligée de rassembler et de maintenir, pendant un an, une armée de cent mille hommes et de trente mille chevaux aux environs de Bayonne, voici quel est l'état des sommes qu'il en coûtera au gouvernement lorsque le Canal sera ouvert à la navigation,

Savoir

	Péage pour le transport.	Valeur des denrées.
Achat fait à Toulouse de 370,000 hectolitres de Froment, à 20 frans l'hectolitre	" "	7,400,000.f
Péage pour le transport, de Toulouse à Bayonne, par le Canal des Pyrénées à raison de 2 francs 4 cent=060 par hectolitre, toujours d'après le tarif du Canal du Languedoc	757,020	" "
Pour 25,000 hectolitres de légumes à 30 francs l'hecto	" "	750,000
Transport à 2 frs 4 cent. 060 par hecto	51,170	" "
Pour 30,000 hectolitres de vin à 25 frs	" "	750,000
Transport de Plaisance à Bayonne, 94 centimes =040 par hectolitre	28,320	" "
Pour 3000 hectolitres d'eau-de-vie à 75 francs	" "	225,000
Transport de Plaisance à Bayonne, à 94 cent. 040 par hectolitre	2,832	" "
Pour 342,000 hectolitres d'avoine à 10 francs	" "	3,420,000
Transport de Toulouse à Bayonne, 2 francs 4 centimes 060 par hectolitre	699,732	" "
Pour 821,250 quintaux métriques de foin achetés dans le département des hautes-Pyrénées à 4 frs 30 cent. le quintal	" "	3,695,625
À Reporter	1,539,074	16,240,625

	Péage. pour le transport	Valeur. des denrées
Report	1,539, 074	16.240.695
Transport de Tournay ou de Plaisance à Bayonne à 62 centimes 093 et 1/3 par quintal	516, 840.	
Total des droits de péage pour les transports	2,055,914	2,055,914
Totaux réunis		18,296,539

Munitions et Matériel de l'armée.

Transport, de Toulouse à Bayonne, de 22,223 quintaux métriques de cartouches pour quatre approvisionnements de campagne, faisant ensemble 2000 cartouches par homme ; chaque quintal à raison de 2 frs 72. cent. 080 par quintal, ci	60,624.	
Transport de Toulouse à Bayonne, de 30,000 quintaux métriques de munitions d'artillerie pour l'approvisionnement complet de 300 bouches à feu, renouvelé quatre fois pendant la campagne ; à raison de 2 frs =72 centimes 080 par quintal	81,840.	192,464.
Transport des canons, affûts, caissons de rechange, équipages de pont, & autres objets qu'on évalue en masse à	50,000	
Total des droits de péage pour le transport des muniti=ons, et de la valeur des denrées &c. à Reporter		18,489,003

(24).

Report................................18,489,003.

Il faut ajouter à ces sommes le fret des bateaux
nécessaires pour le transport de tous ces objets, j'estime
qu'il s'élevera à ——————————————————— 2,000,000.

Plus, la valeur des vivres-viande pour 120,000 rations
par jour, ce qui fait 10,950,000 Kilogrammes par an, les
quels à raison de 60 centim.ᵉˢ par Kilo, couteront —— 6,570,000.

Grand Total des subsistances et des transports..... 27,059,003.

Il résulte de cet exposé que, la solde des troupes exceptée, on
couvrirait avec un peu moins de vingt huit millions, toutes
les dépenses d'une armée de cent mille hommes et de trente
mille chevaux qui manœuvrerait pendant un an autour
de Bayonne, si le Canal Royal des Pyrénées était ouvert
à la navigation. Que l'on compare cette somme à celles
qui ont été dépensées dans les guerres précédentes pour
le même objet, et l'on pourra se faire une idée des avantages que la France retirera de l'exécution d'une
entreprise qui ne coutera rien au gouvernement, et qui
aura une si grande influence sur la prospérité du commerce, en général, et sur celle des départements qu'il
doit traverser.

Paris, le 10 Novembre 1826./

S. Galabert

... ... départemens voisins.

...ploie tous ses fromens pour alimenter les minoteries de Montauban et de Moissac

...a du dépt de Lot et Garonne sert à la consommation des habitans de Bordeaux.

...s du Gers et de la haute Garonne suffisent pour approvisionner ceux des
...cédant des vins qu'ils produisent, rendu à Bayonne par le Canal Royal
...nger.

...tolites de froment aux départemens de l'Hérault, du Gard & des ...
...du tiers de leurs habitans, mais l'immense quantité de vins qu'on ...
...antageusement les secours qu'elles reçoivent de l'Aude par le
...étrangere l'excédant du produit de leur sol, dont les bâtimens du ...
...de Cette, et qu'ils prennent en échange des productions qui leur ...
...s le tableau suivant **E**.

F. Tableau des mines des Pyrénées qui sont exploitées et
de celles qui mériteraient de l'être à cause de l'abondance de leurs produits.

Mines.	Exploitées	dont l'exploitation serait avantage.e	Mines.	Exploitées	dont l'exploitation serait avantageuse.	Observations.
Fer	19	28	Report	32	103	Mr Dietrich a donné la description de plus de 400 mines ou gîtes de minerai qu'on trouve dans les Pyrénées. Les plus riches ou les plus précieuses sont dans les dépts de l'Ariège, de la hte Garonne et des htes Pyrénées. Il en est dans ce dernier dépt, surtout, qui se trouvent peu éloignées de la route du Canal qui favorisera l'exportation de leurs produits et facilitera tous les mouvemens que leur exploitation occasionnera. Les carrières de marbre de la vallée d'Aure ainsi que les productions des quatre vallées débouchent au point de partage et presque sur les bords du Canal.
Cuivre	9	45	Cuivre & Zinc	2	6	
Cuivre, Plomb et Zinc	"	2	Plomb & argent	4	21	
			Plomb & Zinc	4	13	
Cuivre, Fer, Plomb et argent	"	1	Zinc	"	3	
Cuivre & Argent	"	6	Cobalt	3	"	
Cuivre & Fer	"	4	Grenats	1	"	
Cuivre & Plomb	1	2	Alun	1	2	
Plomb	3	14	Charbon de terre ou Jayet	1	3	
A reporter	32	103	Totaux	48	151	

(24).

Report .... 18,489,003.

Il faut ajouter à ces sommes le fret des bateaux
nécessaires pour le transport de tous ces objets, j'estime
qu'il s'élèvera à ————————— 2,000,000.

Plus, la valeur des vivres-viande pour 120,000 rations
par jour, ce qui fait 10,950,000 Kilogrammes par an, les
quels à raison de 60 centim. par Kilo, couteront ——— 6,570,000.

Grand Total des subsistances et des transports..... 27,059,003.

Il résulte de cet exposé que, la solde des troupes exceptée, on
couvrirait avec un peu moins de vingt huit millions, toutes
les dépenses d'une armée de cent mille hommes et de trente
mille chevaux qui manœuvrerait pendant un an autour
de Bayonne, si le Canal Royal des Pyrénées était ouvert
à la navigation. Que l'on compare cette somme à celles
... dans les guerres précédentes pour
... des avan...

Canal Royal des Pyrénées.

Tableau Statistique des Départemens que borde ou traverse le Canal Royal des Pyrénées dont la ligne, continuant celle du Canal du Languedoc, établit une communication réelle entre l'Océan et la Méditerranée.

	Désignation des Départemens.	Population (Habitans)	Superficie (Arp. mètr.)	Forêts (Hectares)	Vignes (Hectares)	Vins (Hectol.)	Froment (Hectolitres)	Avoine (Hectolitres)	Légumes et autres Céréales (Hectolitres)	Revenu (Francs)	Contributions (Francs)	Observations.
A. Ligne de l'Océan	Ariège	234.878	568.963	56.889	16.844	150.000	229.512	16.999	469.115	9.841.000	830.736	Terres à bruyères et landes
(Canal des Pyrénées)	Gers	301.336	615.196	11.563	74.000	1.100.000	1.577.172	148.867	296.422	16.413.000	2.298.296	Sol classé parmi les terres à bruyr.
	Landes	256.511	909.298	127.756	19.600	450.000	262.800	16.032	933.665	7.537.000	1.034.960	Terres à bruyères et landes
	Hautes Pyrénées	213.077	463.000	69.653	12.000	500.000	339.888	146.940	413.318	7.769.000	798.699	Terres à bruyères et landes
	Basses Pyrénées	399.474	763.990	112.615	16.700	570.000	383.828	32.000	535.720	16.392.000	1.217.980	Côteaux argileux terres à bruyères
	Totaux	1.404.076	3.320.463	375.466	134.844	2.370.000	2.783.184	477.528	3.293.800	57.954.000	6.200.691	N. Par la quantité de leurs terres on voit que ces Dép.ⁿˢ sont susceptibles d'un accroissement de culture.
B. Ligne du Centre	Haute Garonne	347.118	671.601	50.098	57.500	800.000	1.631.376	287.712	1.136.772	22.462.000	3.145.836	Terres grasses et riches.
C. Ligne de la Méditerranée	Aude	263.196	691.683	56.930	55.000	550.000	1.380.000	420.000	849.600	17.387.000	2.437.737	Terres grasses et riches.
(Canal du Languedoc)	Hérault	308.136	638.899	70.396	76.000	1.650.000	504.492	75.363	186.568	21.586.000	3.181.096	Terres grasses et riches.
	Pyrénées orient.ˢ	142.034	411.375	43.043	49.443	327.000	124.000	615.552	380.625	7.351.000	980.487	Terres de montagne très fertiles.
	Gard	333.162	599.725	81.396	103.000	1.100.000	554.930	-6.580	303.200	20.656.000	2.291.656	Terres à bruyères et landes
	Bouches du Rhône	313.614	566.857	54.994	26.500	560.000	88.209	120.146	78.817	23.588.000	2.120.359	Terres de Montagne
	Totaux	1.368.162	2.882.520	312.749	285.943	4.187.000	2.643.395	1.505.701	1.739.465	90.368.000	11.820.234	

Nota. Ces Départemens sont traversés par le canal de Languedoc depuis Toulouse jusqu'aux Bouches du Rhône et leurs productions exportées sur les côtes de l'Océan, au moyen de la navigation du Canal Royal des Pyrénées.

	Désignation des Départemens.	Population	Superficie	Forêts	Vignes	Vins	Froment	Avoine	Légumes	Revenu	Contributions	Observations.
D. Hors Ligne	Tarn & Garonne	238.123	428.163	11.816	30.000	640.000	1.073.078	738.200	533.980	12.453.000	2.280.524	Terres grasses et riches.
	Lot & Garonne	330.121	474.683	25.879	60.000	662.000	1.000.000	30.000	423.000	20.943.000	2.931.470	Terres à bruyères et landes.
	Gironde	522.161	1.026.927	90.772	110.000	2.360.000	575.678	46.000	693.907	39.907.000	4.069.881	Terres à bruyères et landes.
	Totaux	1.090.405	1.563.349	127.879	200.000	3.662.000	2.608.656	804.000	1.650.887	73.303.000	9.371.875	

Nota. Ce tableau dont les départemens se trouvent hors de la ligne des deux canaux, suffit pour prouver que celui de la Gironde ne peut fournir pas lui-même aux approvisionnemens d'une armée qui seroit campée aux environs de Bayonne. Il tire sa subsistance des départemens voisins. Celui de Tarn-et-Garonne, dont les terres sont en général et fertiles, emploie tous ses fromens pour alimenter les minoteries de Montauban et de Moissac dont les farines sont exportées dans les Colonies; et l'excédant des productions du dép.ᵗ de Lot-et-Garonne sert à la consommation des habitans de Bordeaux.

On voit par ce tableau que les récoltes en froment des départemens du Gers et de la Haute Garonne suffisent pour approvisionner ceux des Landes, des hautes & des basses Pyrénées des blés qui leur manquent. L'excédant des vins qu'ils produisent, rendu à Bayonne par le Canal Royal des Pyrénées, sera exporté dans les départemens du Nord ou à l'Étranger.

Le département de l'Aude fournit tous les ans un million d'hectolitres de froment aux Départemens de l'Hérault, du Gard & des Bouches du Rhône dont les récoltes suffisent à peine à la subsistance du tiers de leurs habitans, mais l'immense quantité de vins que l'on recueille dans ces contrées offre une compensation qui balance avantageusement les secours qu'elles reçoivent de l'Aude par le Canal du Languedoc, et les met à même de livrer à l'exportation étrangère l'excédant du produit de leur sol, dont les bâtimens du Nord de l'Europe viennent charger une partie dans le port de Cette, et qu'ils remettent en échange des productions qui leur manquent & dont on peut donner une idée approximative dans le tableau suivant E.

E. Tableau du commerce des Nations du nord de l'Europe dont les bâtimens passent le détroit de Gibraltar pour venir faire les échanges dans le port de Cette.

Objets d'importation en France.	Nations.	Objets d'exportation à l'étranger.	Valeur des exportations.	Observations.
Chanvre	Suédois	vins, grains &c	500.000	Les Russes ne sont pas compris dans ce Tableau parce que leur commerce dans la Méditerranée se fait par la Mer noire.
Suif	Danois	vin	2.000.000	
Goudron	États d'Allemagne	id.	2.000.000	
Mâtures	Prussiens	id.	4.000.000	
Bois de construction	Hambourgeois	id.	8.000.000	
Cuivre	Hollandais	id.	5.000.000	Les Hambourgeois entretiennent un commerce immense avec l'intérieur de l'Allemagne où ils débitent les vins qu'ils nous achètent.
Fer, acier & potasse		**Total**	21.600.000	
Huiles de Poisson		À déduire la valeur des vins que fournit au Nord de l'Europe le commerce de Bordeaux et qu'on peut estimer à la somme de	5.400.000	
Poisson salé &c		Reste pour les exportations de la Méditerranée	16.200.000	

F. Tableau des mines des Pyrénées qui sont exploitées et de celles qui mériteraient de l'être à cause de l'abondance de leurs produits.

Mines	Exploitées	Dont l'exploitation serait avantageuse	Mines	Exploitées	Dont l'exploitation serait avantageuse	Observations.
Fer	19	28	Argent	32	103	M. Dietrich a donné la description de plus de 400 mines ou gîtes de minerai qu'on trouve dans les Pyrénées. Les plus riches ou les plus précieuses sont dans les dép.ᵗˢ de l'Ariège, de la H.ᵗᵉ Garonne et des H.ᵗᵉˢ Pyrénées. Il y en est dans ce dernier dép.ᵗ surtout, qui se trouvent peu éloignées de la route du Canal qui favoriseroit l'exportation de leurs produits et faciliteroit le mouvement que leur exploitation occasionnera: des carrières de marbre de la vallée d'Aure ainsi que les productions des quatre vallées débouchant au point de partage et presque aux bords du Canal.
Cuivre	9	45	Plomb & zinc	2	6	
Cuivre, Plomb et Zinc	.	2	Plomb & argent	4	21	
Mines Fer, Plomb et Argent	.	1	Plomb & Zinc	4	13	
Plomb & Argent	.	6	Zinc	.	3	
Cuivre & Fer	.	4	Cobalt	3	.	
Cuivre & Plomb	1	2	Gournel	.	.	
Plomb	3	14	Alun	1	2	
			Charbon de terre			
			ou Jayet	1	3	
À reporter	32	103	**Totaux**	48	151	

CANAL ROYAL DES PYRÉNÉES.

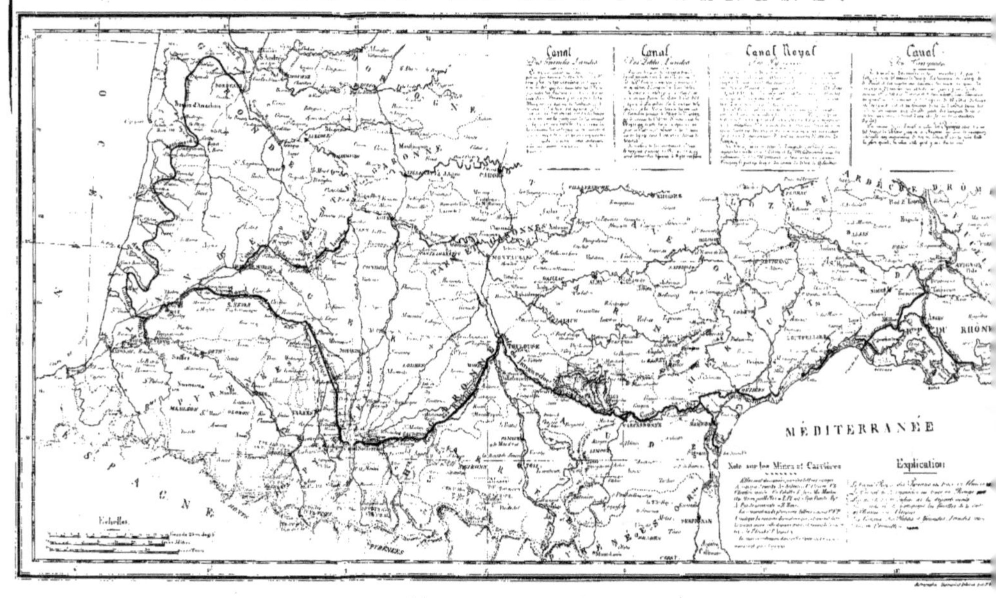